NOTES

SUR LA

COMMUNAUTÉ DES CHIRURGIENS

DE ROUEN

Discours de Réception du Dr François HÜE

ROUEN
Imprimerie CAGNIARD (Léon GY, successeur)
Rue des Basnage, 5
—
1911

NOTES

SUR LA

COMMUNAUTÉ DES CHIRURGIENS

DE ROUEN

Discours de Réception du Dr François HÜE

ROUEN
Imprimerie CAGNIARD (Léon GY, successeur)
Rue des Basnage, 5

—

1911

NOTES
SUR LA
COMMUNAUTÉ DES CHIRURGIENS DE ROUEN

Discours de réception du Dr François HÜE.

Monsieur le Président,
Messieurs,

Je ne saurais trop vous remercier d'avoir bien voulu m'accueillir dans votre Compagnie, car mon bagage littéraire est bien léger. En portant vos suffrages sur ma personne, vous avez très certainement voulu suivre une tradition. Le fondateur de cette Académie ayant été un des chirurgiens les plus marquants du xviiie siècle, il vous est resté une reconnaissance discrète pour la corporation, et cela a été à vos yeux mon premier mérite. Cette pensée, qui m'a assailli dès le premier moment, a orienté de nouveau mes recherches vers l'histoire de ceux qui, au cours des siècles passés, ont exercé la chirurgie dans notre cité normande, si riche en document de toutes sortes.

Vous possédez déjà dans vos annales de nombreuses et précieuses pages sur Nicolas Lecat, à qui je faisais allusion en commençant. Sa personnalité était tellement originale et puissante, son énergie et sa force de travail telles, qu'il fait pâlir autour de lui tout le reste de la corporation, et que ceux qui ont voulu étudier l'histoire des sciences médicales à Rouen, avant la Révolution, n'ont guère vu que lui. Il a préparé, en effet, la formation d'un centre scientifique avec corps enseignant et a été le protagoniste d'un changement profond dans la situation des chirurgiens de notre pays, et aussi, par à-coup, des médecins de sa génération. Mais j'ai à m'excuser ici d'aborder un pareil sujet et d'avoir pensé que je découvrirais, pour vous les apporter, des faits entièrement inédits dans le fonds si riche des archives départementales. J'y ai été précédé, vous le pensez bien, par votre regretté père, Monsieur le Président, et partout, dans sa patiente moisson, Charles de Beaurepaire a coupé les plus beaux épis pour en composer ces gerbes si pleines et si brillantes qu'il a déposées souvent ici, ne laissant plus qu'à glaner derrière lui.

Si nous essayons, avec notre mentalité, nos habitudes et nos mœurs actuelles, d'évoquer ce qui existait alors, nous verrons qu'il y avait matière à évolution et qu'une énergie comme celle dont disposait Leçat n'était pas inutile pour modifier un ensemble de coutumes qui s'expliquent par l'ambiance d'alors, mais entravaient plus qu'elles ne favorisaient la marche vers le mieux, idéal passionnant de notre époque.

Les choses alors n'allaient pas comme de nos jours où il n'existe aucune différence dans l'état social des médecins et des chirurgiens. Chacune de ces deux branches de l'art de guérir naît d'un tronc commun, vigoureux, constitué par une somme d'études et de connaissances communes. La différence ne tient qu'au perfectionnement dans la pratique et à la difficulté de rester au courant de la multiplicité des découvertes constantes dans tous les sens. Mais on ne conçoit plus un médecin ne faisant jamais acte chirurgical, ni un chirurgien qui ne serait pas au courant des choses de médecine. Et, encore, si la spécialisation est accentuée dans les grandes villes, elle n'existe plus dans les campagnes où le praticien, le plus souvent seul en face de toutes les surprises, ne peut faire appel à un aide que par exception.

Il y a deux siècles, les médecins et les chirurgiens étaient nettement séparés, et le plus souvent pas frères du tout, mais bien ennemis acharnés. Cela tenait à des causes multiples.

D'abord les médecins, agrégés en collège à Rouen, vers 1605, appartenaient à l'Université et jouissaient, de ce fait, de privilèges considérables comme tous ceux de profession libérale, privilèges dont ils étaient jaloux. C'est la règle. Ils étaient exempts de tout guet, garde, recette, commission publique, police de ville, de paroisse et de logement des gens de guerre. Ces exemptions avaient été confirmées en faveur des services gratuits que rendaient à tour de rôle les médecins au bureau des pauvres de la ville et de l'hôpital et aux gens de guerre qui devenaient estropiés. Mais l'accès du collège était assez difficile. Il fallait :

1° Un certificat d'études régulières pendant l'espace

réglé par les statuts dans une des Facultés de France : Paris, Montpellier ou Caen ;

2° Un certificat de philosophie ;

3° Un certificat de maître ès arts, qui équivalait à notre baccalauréat actuel, ou de licencié, ou de docteur ;

4° Une attestation d'exercice de la médecine pendeux ans, au moins, ailleurs qu'à Rouen.

Il fallait, en outre, exhiber un témoignage de religion prouvant qu'on était catholique, car Louis XIV avait expressément défendu de recevoir dans le collège plus de deux membres de la religion protestante. Un arrêt du Parlement de 1674 n'en autorise même plus qu'un seul. Alors le candidat demandait son agrégation. On lui donnait un sujet de thèse qu'il devait écrire et qu'il exposait et défendait en deux jours de séances. Puis il prêtait serment, s'il était agréé toutefois par les membres constituant le collège. Ces sujets de thèse, qui ont bien vieilli, étaient par exemple, celui-ci proposé à Reu, aspirant, en 1707 : *Doit-on préférer, chez une femme enceinte, atteinte de variole, la saignée de la veine cardiaque ?* Ou encore celui de Michel Estard, la même année : *Peut-on employer les purgatifs dans les plaies de tête, compliquées de fracture et d'inflammation du foie ?*

Les médecins agrégés avaient la haute main sur tout ce qui touchait à l'art de guérir et devaient présider tous les examens des chirurgiens, apothicaires, sages-femmes, etc. Autant d'actes pour lesquels le collège touchait des redevances. Les médecins auraient cru déroger à toute dignité s'ils avaient fait œuvre manuelle, comme de panser une plaie, pratiquer une saignée. Cela était bon pour les chirurgiens. Eux donnaient des avis, indiquaient ce qu'il fallait faire, et le souci de rester supérieurs au vulgaire les entraînait parfois à rédiger dans un langage un peu obscur les consultations qu'ils donnaient.

C'est ainsi que le collège, suivant l'édit du Parlement, s'assemble extraordinairement le 10 août 1701 pour délibérer sur la réponse à faire à cette triple demande : *Quelle est l'opinion des médecins sur les qualités du cidre nouveau, doux et fermenté, et sur ses qualités nutritives ? Quand ces divers points seront examinés, indiquer leurs effets dans cette province, en raison de son usage général.*

« Tous sont d'avis que le cidre nouvellement sorti du pressoir est éminemment contraire à la santé, puisqu'en effet il résulte de son usage une foule de maladies du ventre, telles que l'hypocondrie, des obstructions, d'affreuses indigestions, des vents, d'atroces coliques, des flux, des diarrhées, des dysenteries. Aussi son usage doit-il être évité avec soin par tous ceux qui désirent conserver leur santé.

« Mais lorsqu'il a été purgé par la fermentation et bien clarifié, il possède, au bout de quelque temps, une saveur agréable et légèrement vineuse, et n'est pas seulement salubre, mais peut singulièrement exalter l'esprit. Il devient propre à combattre *les effets de l'humidité*. Il est comparable, à cause de l'analogie de ses principes, aux effets du vin, dont la puissance contre *l'humidité primitive* est connue. Donc le cidre est propre à rétablir l'abondance des sucs nourriciers, et à rendre des forces aux convalescents.

« Enfin, quand le cidre prend de l'acidité, il devient dur, comme on dit; comme boisson ordinaire, il est absolument contraire à la santé; employé comme sauce, il ne peut produire aucun effet fâcheux, ainsi que l'apprend l'expérience journalière faite si fréquemment dans cette province. Il est plus puissant dans les parties *obtuses* qu'*aiguës*, moins dans celles de la poitrine que dans les parties inférieures. Il offre cette particularité que, dans les voyages au long cours, il se défend plus longtemps que le vin lui-même contre l'altération acide, d'où s'explique facilement la préférence qu'on lui accorde pour la navigation. Chacun ayant approuvé cet avis l'a signé. » Telle est une des pages du très intéressant registre du collège des médecins, le seul, malheureusement, qui nous ait été conservé.

Les chirurgiens, au contraire des médecins, faisaient partie des corporations d'arts et métiers. La Faculté de Médecine de Paris, jalouse du collège de Saint-Côme, n'avait rien négligé pour humilier et avilir les chirurgiens de robe longue, ainsi que l'a si bien décrit Guardia dans sa remarquable histoire de la médecine. Elle avait tenu à régenter la chirurgie et avait pris comme instrument les barbiers, qu'elle avait instruits, pour les agglomérer aux chirurgiens, ainsi avilis, et en faire une communauté; communauté qui avait toutes les entraves des autres corporations. Mais il arriva pour cette corporation ce qui paraît être la règle pour toutes les sociétés opprimées, elle se perfectionna et prit un mouvement d'ascension lente qui arriva peu à peu à rendre ses membres dignes de leur émancipation et de la création officielle, en 1762, sous l'influence de La Martinière, premier chirurgien du Roi, et de Lecat, remarquable chirurgien de province, du collège de chirurgie de Rouen. Lecat fut certainement celui des membres de la communauté de Rouen à qui on est le plus redevable de cette création d'un collège rouennais de Saint-Côme à côté du collège des médecins. La communauté n'avait par renfermé jusqu'à son arrivée d'homme de sa trempe. La plupart de ceux de ses membres, dont nous avons pu retrouver l'histoire, demeuraient toujours des barbiers chirurgiens. Il paraît bien qu'une de leurs principales préoccupations consistait à ouvrir une boutique achalandée, boutique qui restait la propriété de leur veuve, après leur mort, et que celle-ci pouvait faire gérer pendant un certain temps, tout au moins, par un garçon chirurgien.

On accédait à la profession de chirurgien par un long apprentissage d'abord, analogue à l'apprentissage des autres corporations. L'« apprentif », ou garçon chirurgien, commençait de bonne heure à se placer chez un chirurgien commissionné pour la banlieue, ou chez un maître juré à Rouen. Les fils de maître pouvaient être plusieurs années « apprentifs » de leur père. C'est ainsi que Lecat, dans sa demande pour la maîtrise à Rouen, qui fut transmise à la communauté, le 23 juillet 1733, indique que, depuis douze à treize années, il s'est appliqué à l'art de la chirurgie tant chez son père, qui était chirurgien à Blérencourt, province de Picardie, que sous les plus excellents maîtres de l'art à Paris. Dans l'histoire de l'Hospice-Général de Rouen, j'ai trouvé la nomination, comme « apprentif », de Dubuisson, âgé de dix ans, fils du sieur Dubuisson, ci-devant chirurgien du même hôpital.

Pendant son apprentissage, le garçon chirurgien aidait le maître dans l'exercice de sa profession et s'instruisait ainsi pratiquement. Il pansait les blessés en ville ou dans les hôpitaux et mettait, si on peut le dire, la main à la pâte, ce que ne faisaient pas les médecins. Le maître lui enseignait l'anatomie pratique. Quand il y avait des cours d'anatomie, de chimie et de botanique, il y allait et son maître était tenu, par lettres patentes données à Fontainebleau en 1563, et par arrêt du Parlement de Normandie du 8 mars 1565, de lui en laisser la facilité. Il faut savoir que les apprentifs étaient logés, nourris, etc., par leurs maîtres et qu'ils ne pouvaient sortir sans une permission d'eux. D'autant plus qu'il arrivait de temps en temps que ces garçons chirurgiens cherchaient à voler de leurs propres ailes, en dehors de la boutique du patron, à qui ils portaient préjudice, n'ayant aucune des charges de ceux-ci et manquant souvent d'expérience. Ce sont là choses de tout temps. Il existe même un arrêt du Parlement à ce sujet du 4 juin 1768 pour la répression de cette sorte d'exercice illégal.

Tous ces garçons chirurgiens n'étaient cependant pas des maladroits si on en croit l'histoire suivante que j'ai copiée dans un recueil d'*anecdotes historiques, litté-*

raires et critiques sur la médecine, la chirurgie et la pharmacie, publié à Amsterdam, en 1785 :

Un arracheur de dents, qui prétendait ne mentir jamais, exerçait depuis quelque temps son art dans la ville de Rouen ; il parlait haut et toujours vantait sa dextérité et ses prouesses ; il aimait son métier jusqu'à la fureur, et regardait les dents qu'il avait arrachées comme autant d'escadrons renversés et de trophées élevés à sa gloire. Il avait commencé par distribuer pendant trois jours force billets imprimés, où il assurait, avec autant de vérité que tous ses autres confrères, qu'il arrachait sans douleur toutes les dents, tant grosses que petites. Sa gloire aussi brillante, mais aussi fragile que le cristal, est venue échouer contre un chicot obstiné. Voici le fait :

Le laquais d'un de nos magistrats vint chez notre artiste pour se plaindre d'un reste de dent qui le gênait beaucoup, surtout lorsqu'il mangeait. L'examiner, offrir ses services, manquer la dent une fois, deux fois, et même jusqu'à trois fois, tout cela fut l'affaire d'un moment. Le laquais, qui saignait fort, avait de l'humeur et la témoignait en termes énergiques. L'opérateur, tout en rougissant, accusait tantôt ses instruments, tantôt l'impatience du patient. Les assistants haussaient les épaules et riaient. Cependant le dentiste, qui s'aperçut de ce ris, dit : « Vous riez, Messieurs, eh bien ! apprenez qu'après moi il n'y a point en France de dentiste capable de tirer ce chicot ; je parie tout à l'heure... » « Tout beau, Monsieur, ne pariez pas, lui répondit un des assistants, car si

M. La Fleur le permet, avant deux minutes je tire ce malheureux chicot ». Aussitôt dit, aussitôt fait, et d'un coup de main aussi léger que prompt, la dent sort de la bouche avec l'instrument. La vue du chicot ensanglanté, le regard malin des spectateurs, la joie de La Fleur, pétrifièrent le pauvre dentiste, mais sans lui faire perdre la tête. « Je vois bien, Monsieur, dit-il au nouvel opérateur que vous êtes du métier; mais le diable me damne, si jamais vous eussiez tiré cette dent, avant que je l'eusse ébranlée. L'élève en chirurgie, car c'en était un, piqué de cette rodomontade, répliqua : « Asseyez-vous là, et si je ne vous arrache pas toutes les dents les unes après les autres, sans en manquer une seule, je consens... » « Il n'est pas nécessaire, reprit le dentiste; je vois que vous êtes un habile homme, et le seul que j'aie rencontré ici en état de me tenir tête. »

Les cours d'anatomie étaient, entre autres choses, un des gros griefs entre médecins et chirurgiens. Les médecins s'étaient toujours réservés de faire ces cours. Ils le devaient régulièrement du 20 octobre au 5 avril et on trouve dans Avenel que le collège avait fait choix, le 2 janvier 1670, pour les démonstrations anatomiques et les discours de médecine, d'un emplacement dans le couvent des Carmes. Le docteur Levannier était spécialement chargé d'obtenir des bons Pères l'autorisation de s'y établir.

Ce couvent des Carmes avait donné asile aussi au bureau des pauvres valides, noyau du futur Hospice-Général, quand il avait été séparé de l'Hôtel-Dieu. Ce qui explique peut-être encore ce choix, c'est que les Carmes étaient chargés par la communauté de célébrer la fête des bienheureux saint Côme et saint Damien, ses patrons, fête annuelle à laquelle devaient assister tous les maîtres chirurgiens, sauf excuse très valable. On payait à ce sujet trente livres au sacristain pour l'office divin, sans compter vingt livres dix-sept sous, pour le luminaire pris chez l'épicier, puis neuf livres au tapissier pour les tentures et deux livres à l'imprimeur pour les billets et affiches.

Au sujet des leçons d'anatomie, la communauté des chirurgiens payait soixante livres par an au collège des médecins, mais, soit que ceux-ci manquassent d'ardeur, soit qu'ils aient été rebutés par le peu d'empressement des garçons chirurgiens, ou par les entraves que les maîtres apportaient sourdement à leurs leçons, celles-ci ne paraissent pas avoir été toujours régulières. On trouve bien dans le registre du collège des médecins que le doyen en charge était tenu de faire ces cours, tel Barassin, vers 1670 ; mais on trouve aussi qu'à l'arrivée de Lecat le cours n'existait plus depuis plus de vingt ans, sous prétexte que la communauté des chirurgiens ne payait plus la redevance de soixante livres. D'ailleurs, dit Avenel, les médecins déléguèrent bénévolement aux chirurgiens, pour une somme annuelle de cinquante livres, le soin de professer ces cours, en se réservant toujours le droit d'ouvrir la première séance par un discours d'apparat, qui était à lui seul payé cinquante livres.

Cela évoque le frontispice des œuvres d'André Vésale

où l'on voit, au centre, carrément installé dans une cathèdre élevée, un médecin-président, en perruque poudrée et habits somptueux, désignant avec une longue canne et un geste condescendant le thorax d'un cadavre. Un chirurgien en habits plus modestes et les manches relevées, sectionne le sujet sous cette indication. L'assistance jeune et nombreuse se bouscule pour voir et s'étage pittoresquement autour de ces deux figures centrales. Pour pimenter la scène, un valet lave un intestin dans un seau, tandis qu'un chien se sauve sous la table avec un débris.

Il arriva donc peu à peu que cet enseignement se trouva dispersé et que certains chirurgiens instituèrent des cours particuliers d'anatomie, afin de se faire valoir parmi ceux de leur génération. Ils se dégageaient de la gangue qui les amalgamait aux barbiers. Certains maîtres se spécialisaient ainsi vers la chirurgie ou vers les accouchements. Ce fut le début d'un enseignement qui fut de plus en plus suivi, surtout quand Lecat eut apporté l'exemple de son ardeur et de sa ténacité, en dépit de tous les règlements qui entravaient tout essor. Ce noyau de maîtres désireux d'enseigner, et réunissant un auditoire autour d'eux, fut l'embryon de notre Ecole de médecine actuelle et l'on peut affirmer que les véritables fondateurs de cette Ecole furent les chirurgiens du XVIIIe siècle, Lecat en tête.

Il fallait être maître-juré ayant passé le grand chef-d'œuvre à Rouen pour se permettre de sortir ainsi du commun sans trop de danger. La communauté le fit bien voir à un certain Nicolas Janson qui, vers l'époque de l'arrivée de Lecat, en 1732, était venu de Paris, et s'était mis à enseigner l'anatomie à Rouen. On découvrit qu'il avait été expulsé de la maîtrise à Paris pour avoir produit une fausse quittance d'une somme qu'il aurait dû verser à Bourgeois, « prévost des chirurgiens de la capitale et qu'il avait été condamné à faire amende honorable au Châtelet, à genoux, nuds pieds, en chemise, la corde au cou et tenant un cierge de cire jaune de deux livres ». Aussi fut-il, après constat par huissier de la présence dans sa maison de squelettes et de cadavre d'enfant en dissection, rapidement et rudement prié d'aller porter ses leçons ailleurs.

On n'obtenait le titre de maître dans la communauté des chirurgiens jurés de Rouen, comme d'ailleurs dans les autres centres importants, que par l'épreuve du *grand chef-d'œuvre*, par opposition à la *légère expérience*, qui ne conférait qu'un droit limité d'exercer la chirurgie, avec défense de tenter une opération un peu sérieuse sans la présence d'un maître. Ceci rappelle un peu la situation de nos anciens officiers de santé, car souvent les mots changent plus vite que les choses. La légère expérience était surtout destinée aux chirurgiens des petites villes ou des faubourgs, qui pouvaient porter secours aux blessés, arrêter les hémorragies, etc., pendant la nuit, quand les portes de la ville étaient fermées.

L'examen du grand chef-d'œuvre paraît autrement long et difficile que nos examens actuels de Faculté. Il durait trois semaines et comprenait quatorze épreuves.

Il fallait que le candidat, après deux ans au moins

d'apprentissage, ait travaillé trois ans chez des maîtres, soit à Rouen, soit dans une ville possédant une communauté reconnue, et il fallait au minimum six maîtres pour constituer une communauté. Ces délais pouvaient être abrégés pour les fils de maîtres qui, eux, pouvaient se présenter en tout temps, alors que les autres ne le pouvaient qu'au mois de mars. L'aspirant choisissait un conducteur qui le présentait à l'assemblée générale des maîtres où on l'agréait et il faisait avec lui visite à tous les maîtres et au médecin désigné pour présider à son admission, quand toutefois médecins et chirurgiens n'étaient pas en guerre ouverte comme cela arrivait souvent. Puis le grand chef-d'œuvre commençait. Il était composé d'une immatricule ou tentative, du premier examen, des actes des trois semaines, du dernier examen et de la prestation de serment.

L'immatricule consistait à subir, devant le lieutenant du premier chirurgien du roi et les prévôts, un interrogatoire sommaire sur les principes de la chirurgie et, si le candidat était jugé suffisant sur ces matières, il était immatriculé sur les registres et renvoyé à un mois pour son premier examen. Chacun des actes était fait en présence du lieutenant du premier chirurgien du roi, des prévôts, du doyen et de tous les maîtres et ne pouvait durer moins de deux heures.

Au premier examen le jury, composé du bureau et de quatre maîtres tirés au sort, interrogeait sur les principes de la chirurgie, sur le chapitre singulier, sur le général des plaies, des ulcères, des aposthumes, et chaque juge, l'un après l'autre, tenait le candidat pendant au moins une demi-heure. Puis l'aspirant se retirait, on votait, et ce premier examen lui était refusé ou alloué. Un mois après avait lieu l'examen des trois semaines. D'abord la semaine d'ostéologie. Elle comprenait le premier jour l'ostéologie de la tête, de la poitrine, de l'épine, des extrémités supérieures et inférieures. Le second jour, l'interrogatoire portait sur les maladies des os, les bandages et appareils.

On passait ensuite à la semaine d'anatomie et opérations qui se faisait sur un cadavre humain délivré gratis et sans frais, par ordonnance des juges. La semaine comprenait huit actes en quatre jours consécutifs. A chacun de ces jours le candidat exécutait le matin deux opérations et l'après-midi faisait des démonstrations anatomiques des parties principales du corps humain en commençant le premier jour par celles du bas-ventre, continuant le second jour sur la poitrine, le troisième sur la tête et le quatrième sur les extrémités.

Puis venait la semaine des saignées et médicaments. Le premier jour l'examen roulait sur la théorie et la pratique des saignées, qu'on faisait exécuter en différentes parties du corps avec leurs bandages et appareils. On interrogeait sur les maladies chirurgicales qui exigent la saignée, comme aussi sur l'application des ventouses, cautères et vésicatoires. L'aspirant devait apporter ses lancettes, pour qu'on juge s'il savait les entretenir et repasser convenablement. Les plus vieux registres que j'ai pu consulter laisseraient presque entendre qu'il devait les fabriquer lui-même.

Pendant le second jour de cette semaine, l'interrogatoire portait sur les médicaments simples, comme les émollients, les carminatifs, apéritifs, caustiques, sur les vulnéraires, sur les médicaments composés, emplâtres, cataplasmes, fomentations d'huiles, baumes simples et composés, sur leurs vertus et leurs effets.

Enfin, arrivait le dernier examen, dit de rigueur, qui comprenait toute la pratique de la chirurgie et portait, principalement, sur la théorie de la pratique des rapports que nous appelons aujourd'hui médico-légaux.

Quand l'aspirant avait franchi toutes ces étapes sans accrocs, le lendemain avait lieu le dernier acte, la réception ou prestation de serment. Le lieutenant du premier chirurgien et le prévôt indiquaient une maladie sur laquelle l'aspirant dressait un rapport écrit qu'il lisait ensuite devant l'assemblée. Après quoi il prêtait serment entre les mains du président.

Excusez, Messieurs, la longueur et la monotonie des détails où m'a entraîné mon ardeur à retracer les conditions de la vie d'autrefois. J'ai pensé, cependant, que les difficultés qui défendaient l'admission à la maîtrise en chirurgie vous rendraient indulgents pour l'âpreté avec laquelle les maîtres-jurés défendaient leurs prérogatives ; que vous trouveriez là l'explication des tracasseries auxquelles Lecat fut en but pour avoir osé fonder un cours public d'anatomie avant d'avoir passé son grand chef-d'œuvre et d'avoir reçu le *dignus intrare*. De même la communauté n'admit jamais qu'en rechignant, parmi ses membres, les chirurgiens gagnant maîtrise de l'Hospice-Général, et le chirurgien du danger, c'est-à-dire de la peste, du Lieu-de-Santé. Ceux-ci étaient dispensés du grand chef-d'œuvre par l'édit de Louis XIV et par le Parlement, à condition de servir six ans gratuitement et uniquement dans ces établissements pour les pauvres.

Les maîtres-jurés poursuivirent, entre autres, avec une vigueur qui nous paraîtrait peut-être un peu excessive, un de ces derniers nommé de Beaurain qui, entré ainsi par la petite porte, s'était avisé de réunir un volume d'histoires et de scandales sur la communauté, le tout orné de deux pièces de vers latins. Il avait eu l'imprudence de donner ce recueil à relier seulement, pas à imprimer, dit-il, chez un relieur qui le confia à un ami, lequel s'était empressé de le vendre aux maîtres en exercice. Il fut mis en prison, rayé de la liste des maîtres, perdit sa boutique; sa femme étant morte de chagrin. On voulait lui faire payer deux mille livres pour aider à bâtir une salle d'anatomie. Enfin, il fut condamné à venir faire amende honorable, entouré d'archers et d'exempts du grand prévôt, conduits par des records sous les ordres du lieutenant criminel, dans la chambre de réunion de la communauté. Il dut demander pardon à genoux à ceux qu'il avait offensés et brûler lui-même le livre infamant, cela en présence de la lie du peuple qui s'était précipitée, croyant assister à une exécution. Il raconte la chose dans une supplique bien amusante adressée au Parlement de Paris et où se trouvent intercalés, de place en place des vers latins, dans lesquels il ne peut se retenir de dauber encore ses persécuteurs. « C'est en vain, dit-il, qu'ils aient pour armoiries : *Oculata manus ægros mirifice sanat.* Il faudrait plutôt dire : *Cœca manus ægros vice funesta necat.*

Cette autodafé eut lieu dans la salle où Lecat subit ses examens, à partir du lundi 5 avril 1734. Les registres l'appellent la *chambre commune et de juridiction*. Des baux, conservés dans les liasses des archives, indiquent que les chirurgiens donnaient à bail en 1715 et années suivantes à un nommé Pierre Buquet, une maison qu'ils tenaient des merciers et qui était située rue du Chaudron, derrière le cimetière Saint-Maclou, avec une restriction. Ils se réservaient la grande chambre du premier, sur le devant, pour leurs réunions, et la petite chambre du second, avec accès à ces pièces par l'escalier et latitude d'enterrer dans le jardin de la maison les débris des cadavres ayant servi pour les anatomies.

La maison existe toujours, et a été vendue comme bien national, c'est elle qui porte le n° 17 de la rue Géricault actuelle. Le jardin est toujours là, mais toute splendeur a disparu. Cependant, dans le couloir d'accès que ferme encore, plutôt mal, la même porte ancienne, on trouve, à droite, une niche où, dans le voisinage, s'est conservée la tradition qu'il y avait un saint. Mais saint Côme a disparu depuis longtemps, et je n'ai trouvé que l'alcool comme seule divinité du lieu.

La fameuse chambre commune et de juridiction a été divisée en quatre logements insalubres par des refends. Malgré son étendue respectable, on comprend qu'elle ait paru insuffisante à Lecat pour en faire le centre de son enseignement qui devint si brillant à la porte Bouvreuil.

Ce fut bien lui qui, par son exemple, tira la communauté hors de son train-train séculaire, la mit en demeure de tenir de plus en plus tête aux médecins dont le nombre avait fortement diminué devant la concurrence des chirurgiens, au point qu'ils n'étaient que huit quand les autres étaient plus de trente. Médecins et chirurgiens voulurent, à l'instar de Lecat, se mettre à enseigner aussi l'anatomie. Toute cette belle ardeur avait préparé à Rouen l'avènement de l'édit de Louis XV, de 1762, qui séparait enfin les chirurgiens des barbiers, rendait leur profession libérale comme celle des médecins, avec les mêmes avantages civiques et transformait la vieille communauté en collège de Saint-Côme de Rouen. C'est parmi les membres de ce collège qu'on voit apparaître, presque de suite, les noms de citoyens éminents de notre ville, noms qui restent encore vivants dans les souvenirs de beaucoup d'entre nous, comme ceux des Pillore et des Blanche.

www.ingramcontent.com/pod-product-compliance
Lightning Source LLC
Chambersburg PA
CBHW060455050426
42451CB00014B/3340